PANTHER'S LODGE
Books That Matter

Cherokee
Chapbooks

George ("Soggy") Sanders

L'ORIGINE DELL'UOMO ROSSO

La storia leggendaria della sua ascesa e della sua caduta

Le sue vittorie e le sue sconfitte e la profezia del suo futuro

NUOVA EDIZIONE DEL CLASSICO CHEROKEE

con illustrazioni e note di

Donald N. Panther-Yates

Traduzione di Francesca Bortolaso

PANTHER'S LODGE

PHOENIX

QUESTO LIBRO *L'Origine dell'Uomo Rosso* è stato pubblicato originariamente da Panther's Lodge come parte delle Cherokee Chapbooks Series (Collezione Tascabile Cherokee) in Novembre 2011.

Prima pubblicazione della versione in Italiano: marzo 2014

ISBN ISBN-13: 978-0615971902 (Panther's Lodge)
ISBN-10: 0615971903

Prefazione

CI sono momenti nella vita in cui ci capita fra le mani un testo entusiasmante. E pensiamo: " Ecco d'un tratto ciò che mancava!" Nel mondo dei Nativi Americani, dove la comunicazione orale prende il posto della parola scritta, una tale rivelazione spesso accade quando per la prima volta ascoltiamo, o per la prima volta iniziamo a comprendere, la storia delle origini, della natura e del carattere del nostro popolo. In passato, tali racconti venivano narrati in recite cerimoniali durante i raduni per garantire la loro trasmissione alle generazioni future. Ricordo una notte stellata in Tennessee molti anni fa quando sentii da un anziano il racconto tradizionale delle origini del popolo Cherokee. Le mie emozioni erano confuse, andavano da "perché non ho mai sentito parlare prima di questo?" (e sentendomi in qualche modo infastidito) fino ad un sublime senso di sollievo e di risoluzione, gratificazione e gratitudine. Dopo ciò la mia vita è cambiata, è diventata più riflessiva, "focalizzata" e determinata. Mi sentii come se gli antenati mi avessero parlato.

Un'altra esperienza istruttiva la ebbi quando mi capitò fra le mani un volume sottile pubblicato da Bacone College's Indian University Press il cui titolo era *A Cherokee Vision of Eloh,* edizione Howard L. Meredith and Virginia E. Milan, con Wesley Proctor come traduttore. Proctor tradusse il testo originale inglese in lingua Cherokee. Quel libriccino che ebbe un così forte impatto su di me è oggi molto difficile da trovare. Così con l'aiuto di amici come Richard Mack Bettis e Brian Wilkes, ho qui trascritto e pubblicato il testo originale inglese. Apparve nell' *Indian Chieftain,* un giornale di Vinita in Oklahoma, nel 1896, con il titolo "Red Man's Origin" (L'Origine dell'Uomo Rosso).

Grazie alla Oklahoma Historical Society, le immagini sono oggi disponibili in Internet.

Non possediamo nulla di 'più autentico' di "Red Man's Origin"—non in forma fissa. Nessuna versione della storia è mai stata registrata in Cherokee, solamente ciò che è stato ricreato dall'inglese da Proctor molti anni dopo. "Red Man's Origin" è semplicemente un articolo in lingua inglese. Dobbiamo accontentarci della forma nella quale sopravvive e del fatto che sopravviva. Riproduce le parole di George Sahkiyah (Soggy) Sanders così tradotte da William Eubanks. Sanders era un purosangue che parlava poco l'inglese e sapeva leggere e scrivere solo in Cherokee. Amico di Sam Smith, visse nel Distretto Saline, dove divenne senatore. Servì anche come membro della Commissione Cherokee per la Commissione Dawes. William Eubanks (1841-1921) era il figlio di un padre adottivo bianco e di una mamma Cherokee. Il suo nome Cherokee era Unenudi. Riconosciuto come uno degli intellettuali eccezionali Cherokee del tardo diciannovesimo secolo, usò lo pseudonimo Cornsilk nei suoi articoli di giornale, molti dei quali di genere politico o antropologico. Fu un membro della Keetoowah Priestly Society ed un traduttore per la Nazione Cherokee fino a quando non fu sciolta nel 1906.

Ho fatto solo minime alterazioni dell'ortografia e della punteggiatura ma non ho omesso nulla dall'articolo originale di Cornsilk. Dato che questa è l'unica testimonianza del Cherokee originale di Sanders, il testo viene presentato il più vicino possibile alla struttura nella quale venne pubblicato nel 1896. Tuttavia sono state aggiunte alcune note esplicative. Ringrazio infine Brian Wilkes per aver condiviso l'interpretazione di parole Cherokee. Tuttavia mi assumo la piena responsabilità di eventuali errori.

APRIAMO ORA la mente, gli occhi e le orecchie ad un prezioso frammento di narrativa nazionale Cherokee sul passato, presente e futuro del loro popolo.

Quando vivevamo oltre le grandi acque ...

L'ORIGINE DELL'UOMO ROSSO

QUANDO vivevamo oltre le grandi acque vi erano dodici clan che facevano parte della tribù dei Cherokee. Ed in quei tempi nelle antiche terre in cui vivevamo il territorio era soggetto a grandi alluvioni. Così nel corso del tempo tenemmo un concilio e decidemmo di costruire un rifugio che potesse raggiungere il cielo. I Cherokee dissero che una volta costruita la casa, al momento delle alluvioni la tribù avrebbe semplicemente lasciato la terra per andare in cielo. E così cominciammo a costruire la grande struttura, ma quando stavamo per raggiungere la vetta dei cieli più alti le grandi potenze ne distrussero la cima, riducendola a circa metà della sua altezza. Ma dato che la tribù era determinata a costruire fino a raggiungere il cielo per questioni di sicurezza, i membri non si scoraggiarono e cominciarono invece a riparare il danno causato dagli dei. Infine completarono l'alta struttura e si considerarono salvi dalle alluvioni. Tuttavia, prima che fosse ultimata l'opera gli dei distrussero di nuovo la parte alta, e quando decisero di riparare il danno scoprirono che il linguaggio della tribù era diventato confuso o addirittura si era distrutto. Un giorno mentre stava lavorando, un operaio mandò me (Soggy) giù a prendere un po' di malta, ma io invece di portare fango portai un asse. Lo stesso successe con gli altri lavoratori: non ci si poteva capire. Allora la tribù tenne un altro concilio e concluse di spostarsi dal territorio alluvionale per scovarne uno più asciutto e adatto ai loro gusti. Così viaggiarono per molti giorni ed anni e infine arrivarono in una terra con un buon clima, adatta per coltivare il mais e molto altro per la sopravvivenza della tribù. Anche altre tribù o clan rossi appartenenti ai Cherokee cominciarono ad arrivare dai vecchi territori. L'emigrazione continuò per molti anni, senza che ci si rendesse conto di aver attraversato le grandi acque. Nel corso del tempo tuttavia il vecchio sentiero che era stato percorso dai clan fu interrotto dalla sommersione di una porzione di terra nel mare profondo. Questo cammino si può ancora individuare oggigiorno per i massi spezzati. Tuttavia non fu una sorpresa per i clan perché erano avvezzi al lavorio delle inondazioni.

Invece di trasportare fango, ho portato un asse.

Molti anni dopo che si furono stabiliti nelle loro nuove case nel nuovo territorio cominciarono ad andare alla ricerca dei clan della tribù Cherokee, e dopo una ricerca infruttuosa alla fine rinunciarono e instaurarono un nuovo sistema di sette clan sacri alla tribù. Da quel lontano giorno ad oggi hanno cercato i cinque clan Cherokee che si sono persi. Ma dopo vari tentativi infruttuosi organizzarono in modo permanente il sistema dei sette clan che acquisirono i nomi delle sette stelle principali della costellazione di Yohna.

Dopo di ciò i Cherokee si sistemarono e organizzarono un governo ed un sistema religioso di culto che consisteva principalmente in rituali che avevano l'intento d'insegnare ai più promettenti la vera natura dei corpi o dei poteri celesti oltre alle leggi con le quali essi governano se stessi, i loro più giovani fratelli, i pianeti minori e le loro creature, i figli degli uomini.

Una volta completato ciò e quando la tribù cominciò a prosperare in un clima più favorevole ed in un terreno più ricco dove veniva coltivato molto mais e la cacciagione era abbondante, si presentò una nuova difficoltà. Una strana razza di uomini attraversò infatti le grandi acque e sbarcarono dei guerrieri che iniziarono ad attaccare la tribù. I Cherokee richiamarono tutti i clan ed iniziarono ad annientare il nemico. Usarono le loro clavi da guerra con tale impeto che sconfissero ed annichilirono il nemico con l'eccezione di pochi prigionieri che salvarono. Misero poi questi prigionieri dentro ad alcune canoe e li rispedirono indietro lungo le acque che avevano prima attraversato. Fu detto loro di raccontare al loro paese di origine quanto i Cherokee fossero dei guerrieri valorosi.

Successivamente, dopo pochi anni, ritornò un'altra flotta di guerrieri. Le vaste acque erano letteralmente nere di innumerevoli ospiti armati di archi e frecce. Approdarono sulla spiaggia ed iniziarono ad uccidere i Cherokee, ma la tribù riunì di nuovo i clan che cominciarono a difendersi con clave da guerra, uccidendo a migliaia gli stranieri, giorno e notte, essendosi dati l'un l'altro sacra parola che non avrebbero mangiato né dormito finché non fosse stato distrutto l'ultimo dei nemici. Ancora una volta vinsero e conquistarono gli invasori.

Una strana razza di guerrieri ha cominciato ad attaccare la tribù Cherokee.

Col tempo i Cherokee organizzarono poi un proprio piccolo inferno, in quanto avendo istruito le donne ed i bambini a raccogliere una grande quantità di resina di pino, coprirono i piedi dei nemici con grandi palle di resina e diedero loro fuoco per bruciarne i piedi. Mentre stavano ancora bruciando li misero nelle loro barche e canoe e dissero loro di andare a casa e riportare quanto fossero valorosi i guerrieri Cherokee.

Tuttavia la tribù Cherokee si sentì sempre più preoccupata in quanto la gran parte dei clan erano molto lontani dal vasto territorio di sangue. Così i clan guerrieri consultarono gli uomini saggi della tribù per studiare la prossima mossa da parte del nemico.

QUESTI sette uomini saggi, uno di ciascuna tribù, chiamarono allora a raccolta tutti i clan e poi tennero un consiglio al tempio semisferico. Ordinarono ai sette clan di danzare attorno al tempio semisferico per sette giorni e sette notti. Quando la danza dei sette giorni cominciò, gli uomini saggi entrarono dalla porta del tempio, dentro al quale non vi era luce poiché la luce che irradiava ed emanava dai saggi bastava ad illuminare l'interno del tempio.

Alla fine della danza dei sette giorni uno degli uomini saggi uscì dal tempio in forma di aquila. Quest'aquila formò sette rotazioni mentre ascendeva nei cieli. Una volta completata la settima spirale e scomparsa nel settimo cielo, i clan si separarono e tornarono a casa, lasciando gli altri sei uomini saggi nel tempio oscuro, che era illuminato soltanto da luce paranormale e spirituale.

Alla fine gli uomini saggi tornarono a casa e dopo aver consultato gli e-ca-ca-te o Urim e Thummin dissero alla gente che quei guerrieri non sarebbero più ritornati prima di sette anni.

Uno dei saggi fuori del tempio in forma di Aquila.

ALLORA i Cherokee prepararono i giovani uomini alla guerra e tutti i clan furono messi al corrente di questo fatto.

E quando i guerrieri attraversarono ancora una volta le grandi acque, erano del tutto preparati ad incontrarli di nuovo. I guerrieri vennero a migliaia e migliaia, ma nel frattempo ai clan era venuta l'idea di usare del veleno nelle guerre contro il terribile invasore, in quanto si erano resi conto che avrebbero dovuto scovare qualche altro stratagemma oltre a dipendere dalle loro asce da guerra. Così inviarono alcuni grandi guerrieri ad uccidere il grande e temibile serpente dai sette raggi per estrarne il suo veleno, cosa che fecero per poi mettere il liquido velenoso in conchiglie di zucca.

SUL FINIRE dei sette anni gli scuri e terribili guerrieri attraversarono di nuovo le terre, numerosi come locuste, con barche e carichi di veleno ed armi, a migliaia e migliaia. Quando il nemico arrivò i Cherokee e tutti i loro clan si presentarono con le loro asce da guerra e le conchiglie di zucca piene di veleno oo-ca-te-ne e, corsero vicino alle linee nemiche, agitarono le loro zucche col veleno e lo versarono vicino a loro, continuarono uno dopo l'altro, gridando mentre agivano. I Cherokee tagliavano ad angolo retto al primo colpo ed adescavano il nemico per inseguirlo. Quando l'invasore infine arrivò dove era stato versato il veleno svenne e cadde a terra. I Cherokee allora arrivarono e li massacrarono a migliaia e migliaia. Questa sconfitta alla fine scoraggiò l'invasore oscuro e la guerra di quel tipo cessò. I Cherokee vissero allora in pace per secoli. Inoltre la fama della guerra con l'invasore oscuro divenne nota nel corso del tempo solo nella storia.

IL LORO antico culto degli uomini saggi del cielo si mantenne. Questo culto fu ideato in un tempo che andava ben oltre la memoria della tribù più saggia dei Cherokee, e fu riorganizzato, come l'antica religione, soltanto nel nuovo paese. Le genti vissero per secoli in pace e felicità.

DOPO aver vissuto per secoli in pace e prosperità le tribù Cherokee aumentarono molto di numero e popolazione. Costituirono il cah-ti-yis in tutta la nazione dei sette clan organizzata sul vasto principio della fratellanza universale che includeva tutto il mondo eccetto i cinque clan perduti. Poi accadde che, mentre la tribù viveva così nelle loro nuove terre, strane canoe bianche apparvero nella grande vastità delle grandi acque. I clan si radunarono sulla spiaggia con meraviglia e stupore per l'arrivo di quegli strani vascelli nelle loro acque. Le canoe bianche gironzolarono in vista per molti giorni come se non si fidassero di essere benvenuti dalla tribù.

Canoe bianche strane apparvero nella vasta distesa delle grandi acque.

I clan, pensando che fossero esseri venuti dal cielo, iniziarono a far loro cenno di venire a riva. Prepararono anche del mais in cui vennero cotti noci dolci, carne di cervo ed altro cibo preparato da offrire a quegli esseri bianchi nelle loro bianche canoe. Essendo il colore bianco, un emblema di purezza per i Cherokee, consideravano quegli esseri bianchi come una razza pura che veniva dai mondi superiori. Gli esseri bianchi dalle bianche canoe si convinsero presto che non avrebbero dovuto temere nessun male, così sbarcarono. Furono ricevuti con un benvenuto dalla tribù che portò loro del cibo.

IL TABACCO che era stato purificato e chiamato la chola della pace fu offerto anch'esso assieme a pipe, e agli stranieri fu chiesto di fumare con i clan. Successivamente i bianchi stranieri, che si supponeva fossero visitatori celesti e che li si credeva tali per la loro pelle bianca in quanto per i Cherokee il senso e l'emblema del bianco erano la purezza e la spiritualità, presi per tali esseri, chiesero che fosse loro concesso un piccolo pezzo di terra su cui accamparsi, cucinare e dormire, il che fu loro caritatevolmente concesso. Questi stranieri furono infine intrattenuti molto generosamente dai Cherokee che diedero loro abbondante cibo ed altri articoli di conforto. Successivamente questi stranieri espressero anche il desiderio e la volontà di rimanere con i clan Cherokee se fosse stato permesso loro di acquistare un piccolo pezzo di terra su cui accamparsi e dormire. Fecero sapere alla tribù che avevano bisogno soltanto di un piccolo terreno della grandezza circa di una pelle di toro o bufalo. Questa modesta richiesta venne ampiamente concessa agli stranieri e della terra fu venduta loro per un'inezia. Gli ipotetici stranieri celesti tagliarono allora in una striscia sottile una delle pelli di bue che avevano portato con loro e la tesero attorno ad un quadrato che includeva diverse centinaia di iarde quadrate. Asserirono che questo era conforme all'accordo di acquisto al quale la tribù alfine aderì, dicendo allo stesso tempo che erano stati ingannati. Altri appezzamenti di terra furono comprati per i quali fu sempre dato un compenso da parte dei bianchi stranieri celesti, ma dopo questa concessione la tribù riconobbe di essere stata ingannata ogni volta.

Invitarono gli stranieri a fumare con i clan.

INFINE la tribù concluse che lo straniero bianco proveniva dal polo opposto dei cieli e che si era messo della pella bianca con lo scopo di ingannare. Quindi cominciò a distruggere l'invasore bianco e come nel caso dell'invasore scuro, ne salvò alcuni perché riportassero quali grandi guerrieri fossero i Cherokee. Ma gli invasori bianchi iniziarono ad usare le armi da fuoco contro di loro e così la tribù fu respinta sempre più all'indietro.

La tribù Cherokee infine si scoraggiò e si demoralizzò completamente e disse al concilio dei clan che non si poteva fare niente poiché i grandi serpenti, gli oo-ca-te-ni, si erano estinti e non c'era alcuna possibilità di ottenere il terribile veleno che era stato usato con tanto successo contro i primi invasori. Così si consultarono di nuovo gli uomini saggi che ordinarono, come a quel tempo, che i clan tenessero una danza concilio per una seconda guerra, attorno al tempio rotondo o semisferico.

Questa notizia fu allora resa nota a tutti i clan che si riunirono all'antico luogo del tempio tondo o semisferico. I clan si riunirono lì dentro eccetto uno o due che si rifiutarono di venire, ma infine arrivarono. Allora la danza dei sette giorni cominciò e si concluse, all'inizio della quale i sette saggi dei clan entrarono nel tempio, che per secoli era stato abbandonato e in qualche modo restaurato.

Tutti i clan si riunivano nel luogo del tempio sacro rotondo o semisferico.

Gli uomini saggi dopo essere entrati (nel tempio) scoprirono che non poteva essere illuminato dalla luce che emanava dalla fonte spirituale o dagli uomini saggi. Ricercando la causa della mancata accensione della luce del tempio, il grado più basso degli uomini saggi, il terribile Clan Sah-ho-ni , si rivolse al successivo uomo saggio del secondo clan, ed egli chiese al terzo, che chiese al quarto, che a sua volta chiese al quinto, ed egli chiese al sesto ed infine, il saggio dei saggi, il Koola clan, rispose e disse: il nostro tempio, antico e sacro, è stato abbandonato; al fuoco originario, quello eterno e primitivo, è stato permesso di estinguersi, distruggendo il saggio oo-ca-te-ni o il tanian, il sapiente della tribù. Non potrà mai più essere ritrovato finché non saranno trovati gli altri clan e si sarà riunita tutta la tribù. Nulla possiamo fare, solo usare un sostituto per illuminare il nostro tempio, e questo sarà il corpo esterno del fuoco eterno. Quando il sostituto della luce, il fuoco, fu acceso, i saggi contemplarono il loro e-ca-ca-tis e poterono osservare solo delle immagini, poiché in origine una luce sfolgorante emanava da essi.

Il saggio dei saggi quando uscì dal tempio

circolare ed iniziò ad eseguire i suoi movimenti a spirale nei cieli non riuscì a salire più in alto della pura materia e dopo essere disceso e rientrato nel tempio lo comunicò agli altri sei saggi. Allora i saggi lo trasmisero ai propri clan, ai saggi subordinati dei clan: la razza dell'inganno e dell'astuzia aveva adottato un nuovo schema per sconfiggere i Cherokee o razza rossa.

QUESTO nuovo complotto era la scrittura di uno strano insegnamento che l'invasore bianco sosteneva fosse arrivato dal cielo, la verità o la falsità del quale la tribù rossa avrebbe dovuto scoprire da sola. Siamo ancora sotto l'influenza di questo grande mostro ed ingannatore di nazioni. Un tributo è stato posto sulla razza rossa in termini di terra e oro per nutrire e mantenere in vita questo grande ingannatore concepito nell'inferno e nato sulla terra e rimanere sotto la sua influenza fino al chiudersi del settimo periodo del clan Sah-ho-ni, quando la razza rossa si libererà del suo potere.

In quel momento, secondo l'oracolo della Pietra della verità che ne contiene l'immagine, la razza verrà trasportata sulla battigia del mare, dove attraverserà le acque e approderà sulla vecchia terra dalla quale venne e troverà i cinque clan perduti, si riunirà in dodici clan, e di nuovo in un solo popolo, diventerà una grande nazione conosciuta come Esh-el-okee del tempio semisferico di luce.

Tanian, il saggio della tribù

Note

1   **Le prime parole** o incipit del testo Cherokee sarebbero: Ꭰꮃ ᎭᏞᎦᏉꮓ Ꭰꭳ ᏚᏔᎾ ᎡᏉᎯ ᏚꙊᏴ ᎤᏣᏔᎫꙄ. In translitterazione: *Asi tsidayotsehv ama tsutana egwoni duweye utliididla.* Proctor aggiunse il titolo "Gli Eloh" (i.e. vecchio mondo), in Cherokee ᎡᎺᏕ = Elohi. Questa terra degli antenati si estende nell'estremo ovest, come i Campi Elisei dei Greci.

4   **Costellazione di Yohna.** L'Orso o Orsa Maggiore.

7   **Tempio semisferico.** In Cherokee viene chiamato *cahtiyis*, (p.15), che in greco dorico sta per sala per assemblee. La stessa parola veniva usata per il campidoglio nazionale o comune. Henry John Liddell e Robert Scott, comp., *A Greek-English Lexicon* (Oxford: Clarendon Press, 1996) sv. κάθημι 2.: " esp. of courts, councils, assemblies, etc...(ndt. esp. per tribunali, concili, assemblee, etc.)...del βουλή". Brian Wilkes commenta, "Credo che la parola *cahtiyis* sia una variante di *gatiyo* che oggi significa una danza *stomp*. Che la Cerimonia della Danza Stomp con i suoi movimenti a spirale possa essere una rimanenza di questa antica pratica, che aveva avuto origine in una struttura a forma di duomo, ed in seguito fu portata all'esterno? Scrive inoltre, "Ho cercato un sinonimo di 'Tempio semisferico di Luce' ma ho trovato solo 'casa d'incontro, chiesa, sala comunitaria'. La parola *tsunilawisdi* viene usata generalmente per esprimere che 'si riuniscono per incontrarsi'. Oggi viene più comunemente tradotta con 'chiesa'. La relativa parola *danilawiga* significa incontrarsi per scopi comunitari,

ed oggi viene generalmente tradotta con 'incontro di preghiera' o 'cerimonia religiosa'. *Adanelv* con la radice *ada* che sta per eretto o albero/pilastro viene usata anche oggi per significare chiesa".

8   *e-ca-ca-te* o *Urim* e *Thummin*. Più esattamente, *igagadi* . Wilkes commenta: "La radice 'gati' si riferisce a 'guardare-vedere-calcolare' e si trova come sostantivo 'guardiano, vigilante, ufficiale' ed altri che implicano calcolo o valutazione. Se le pietre venivano chiamate *igagati*, poteva essere l'equivalente di pietre preziose o pietre *keek* in inglese e scozzese". Sacerdoti ebraici del tempio in Gerusalemme portavano cristalli intorno al collo denominati *urim e thummin* ("luci" e "protezioni"). Conosciuti come la Luce Perfetta, questi cristalli venivano incastonati nei pettorali dei sommi sacerdoti. Cornelis van Dam, *The Urim and Thummim. A Means of Revelation in Ancient Israel* (Winona Lake: Eisenbrauns, 1997). Altrove i Cherokee usavano il termine *oolungtsata.* Durante il festival della Luna Nuova, se il Grande Sacerdote o Uku vedeva la figura del supplicante diritta nel cristallo sarebbe vissuto. Se la sagoma era offuscata poteva ammalarsi, se era spezzata poteva ferirsi e se prostrata sarebbe morto nell'arco dell'anno nuovo. Il nome alternativo dei cristalli divinatori sembra sia in greco ionico, dal participio aoristo del verbo "stare bene", usato nello stesso senso del saluto latino *salve*.

9   **conchiglie di zucca.** Orig. *simblings*, ortografia arcaica per i sinonimi *cimbeline, squash, gourd* o *pumpkin.* ***oo-ca-te-ne.*** Uktena. La parola non può essere analizzata in elementi Cherokee - una carenza che spesso suggerisce radici straniere. Probabilmente deriva da *ou "no"* e *ktennais " ucciso".* In termini

21

tecnici è il participio dal greco aorista *kteino* "uccidere", "dare morte". Per Uktena, vedere James Mooney, *Miti dei Cherokee e formule sacre dei Cherokee* (Nashville: Cherokee Heritage, 1982), pp. 541, 297-298. Su κτένναις vedere Liddell e Scottt, s.v. Il significato letterale è Colui Che Non Muore.

10 *cah-ti-yis.* Vedere nota a p. 9. L'architettura greco dorica sembra essere qui pertinente. Nella sua forma classica, il *tholos* consisteva in un tamburo circolare di colonne coperte da un tetto a forma di ombrello sorretto da pilastri di legno interni. La forma appare anche in tombe ed è visibile nell'architettura nazionale monumentale di Washington D.C. Questi edifici pubblici nell'antichità venivano spesso costruiti in forma circolare per enfatizzare principi egalitari. La cittadinanza riunita in assemblea, sistemata secondo tribù e clan, alle volte si sdraiava su specie di divani o sdraio a panca come fanno molti Indiani d'America ancor oggi.

12 **chola della pace.** Il tabacco viene chiamato erba della pace (*tsola*) perché viene usato nella cerimonia della pipa della pace. Altre erbe (per esempio: verbasco) vengono anch'esse chiamate *tsola.* È l'uso che determina le differenti applicazioni della stessa parola, abitudine frequente della lingua Cherokee, il cui vocabolario è relativamente ridotto. In occasione di alcune cerimonie, i Cherokee usavano il termine tabacco "vecchio" o "recuperato" o "sacro", come senza dubbio in questo caso.

13 **pelle di toro o bufalo.** Prima dell'avvento del conio della moneta (III sec. A.C.) i popoli antichi usavano sia il baratto o monete di scambio, un genere comune erano i lingotti di rame con forma di pelle di

bue o pezzi di metallo a forma di carro dei Fenici. Il senso della storia sembra essere che gli invasori bianchi offrirono denaro agli Indiani e ne gonfiarono il valore. La stessa storia fu raccontata dai Fenici riguardo al loro successo nell'impossessarsi dell'entroterra di Cartagine dai proprietari originali.

16 **il terribile clan Sah-ho-ni.** Per quello che ci è noto, il Clan Pantera o Colore Blu è quasi estinto. Viene anche chiamato Clan Agrifoglio, secondo la bevanda narcotica che si ottiene dalla pianta di agrifoglio yauponica o cussena. Un famoso antico membro fu il Magg. George Lowrey Jr., conosciuto anche come Rising Fawn (ndt. Fauno Sorgente), Agin'-agi'li (1770-1852). Fu Capo Assistente Supremo della nazione Cherokee e membro del Concilio Esecutivo. Fu messaggero, banchiere, soldato, traduttore, ufficiale giudiziario, coltivatore, allevatore e leader politico. Esiste nel Museo Gilcrease a Tulsa un suo ritratto attribuito a George Catlin. I membri del clan Sahoni erano conosciuti come "Uomini pericolosi" e "Gente della Notte". Il loro nome Cherokee Ani-Sahoni o Sakanike ("viola") significa "Sedevano nella cenere fin che diventavano grigio-blu." Poiché gli uomini medicina dell'Africa Occidentale venivano riconosciuti da una pittura bianca o blu applicata sul viso che veniva creata dalla cenere, si potrebbe dedurre che questo clan minore possa rappresentare la componente africana della mescolanza Cherokee. Le tradizioni tribali enfatizzano che il popolo Cherokee includesse gente di pelle sia nera che bianca, rossa e gialla. **Clan Koola.** Kule, Ghianda, Colomba o Clan Uccello. Gran parte della religione Cherokeee era sotto il controllo del Clan Uccello o Ani-Tsiskwa. Prima che venissero codificati in sette clan, numero considerato sacro dai

Cherokee, esistevano clan chiamati procione, gatto selvatico, volpe, mais, acqua, Shawnee, cristallo, vento, uomo, albero, cincia moretta, corvo, cardinale, gazza blu, sole, fuoco, ghianda e moltissimi altri. Le persone del Clan Uccello erano considerate buoni insegnanti, messaggeri e linguisti. Il loro nome originale era Scapolare Rosso, Spirafico, Picchio o Ani-Tsaliena o Tsunilyana, che significa Clan Sordo. Sia il clan Lupo che Cervo ne sono discendenti. Il nome più antico è Clan Sordo. Molti capi tribù, in particolare i capi di pace, erano del Clan Uccello. Il capo John Ross (1790-1866, il cui nome Cherokee era Cooweescoowee) era del Clan Uccello, discendente in stretta linea femminile di Ghi-goo-ie, moglie di William Shorey, uno Scozzese che divenne il traduttore ufficiale della Gran Bretagna. Quatie Conrad era anch'essa del Clan Uccello; sposò Alexander Brown, Archibald Fields e John Benge. Albert S. Gatschet (ca.1900), Note sulle Sei Genti Cherokee (schedario allo Smithsonian Institution, incluse note di James Mooney e J.N.B. Hewitt che riportano, tra le altre, alcune informazioni di un uomo medicina chiamato John Ax, assieme a materiale manoscritto di J.T. Garrett, interpretato da John D. Strange, Allogan Slagle e Richard Mack Bettis. ***tanian.*** Greci. I capostipiti dei Cherokee, che possedevano poteri e conoscenza superiori, venivano identificati con il Dragone o Uktena e, in un brano significativo, vengono chiamati Taniani (Tanasi o Tennessee). Viene alla mente la frase di Orazio sullo stratagemma del cavallo di legno dei Greci a Troia: "Temo i Greci (Danaos) specialmente quando portano doni". Danaoi era il termine usato nell'antichità per nominare i Greci, che si credeva avessero avuto origine in Tracia e si fossero stabiliti nel Peloponneso nell'oscuro passato. Danauna era il nome che gli

24

Egiziani conferivano ai Greci e ad altre Genti del Mare.

18 **Esh-el-okee.** Il nome originale dei Cherokee, diverso da Tsalagi, che nella forma di *choloki,* secondo gli antropologi, designa "gente dalla lingua straniera". Raymond D. Fogelson in "Cherokee nell'est " in *Handbook of North American Indian,* vol.14, *Southeast* (Washington: Smithsonian), pp.337-53, tiene una lunga discussione su *choloki* e sulle sue variazioni ma non arriva ad alcuna conclusione. Questo perché Eshclokee è il nome della Società Guerriera Tsalagi, che si pronuncia Shalokee, con una *s* ed una *h.* La Società Guerriera fiorisce a tutt'oggi in alcune parti del Tennessee e nella Carolina del Nord e si distingue in questo modo dalla tribù generica, gli Tsalagi, con il suono *ts.* Eshelokee si riferisce specificamente alla casta guerriera e pare sia la stessa parola greca *etheloikeoi,* "coloni volontari, colonizzatori." Sul prefisso εθελο- "volontari, " Liddell e Scott, 479. Su οικέω nel senso di "stabilirsi, colonizzare", s.v. A.2. In un altro punto Eubanks (Cornsilk), scrive, il vero nome dei Cherokee, "non è mai stato trovato e forse non lo sarà mai", ma è un nome dato a quelli "iniziati come una tribù ai misteri dell'est...da un ampio ramo della tribù conosciuto come quelli che parlavano la lingua di Seg (Asaga)." Fa menzione del nome "Esh-he-el-o-archie" e dice che i Cherokee venivano istruiti a preservare il fuoco sacro ai "Sette Laghi". Seg è una lingua Austronesiana dell'Indonesia, che forma parte della grandissima famiglia conosciuta come Polinesiano Malayo Centro Orientale, con una forma occidentale chiamata Thai-Seg ed una ramificazione orientale parlata nella provincia Madang di Papua Nuova Guinea conosciuta come Sek, o Gedaged. Vi è anche un piccolo ramo in

Sud America. William Eubanks, "Cherokee Legend of the Son of Man...The Red Race, It is Claimed by this Writer, Were the Originators of the Ancient Apollo Worship, Now Known as the Christian Religion," (ndt. "La Leggenda Cherokee del Figlio dell'Uomo".....La Razza Rossa, sostiene questo scrittore, fu creatrice del culto dell'Antico Apollo, ora conosciuta come la Religione Cristiana"), in *A Collection of Works di William Eubanks,* ed. Doug Weatherly and Kristy Hales (American Native Press Archives and Sequoyah Research Center).

Dilettatevi con questi altri libri sui Cherokee

Cherokee Clans: An Informal History

A Memoir of Chief Two White Feathers: Portrait of a Spiritual Practitioner

Echo the Heart: The Tihanama Language

The Big Little Book of Native American Wit and Wisdom

Old Souls in a New World: The Secret History of the Cherokee Indians

Ascoltate la versione audio emozionante del libro *L'Origine dell'uomo rosso* del famoso seanchai cherokee irlandese Shandon Loring.